DAMBATHEANGA ¦ DAMLANGUAGE

We have lingered in the chambers of the sea
By sea-girls wreathed with seaweed red and brown
Till human voices wake us, and we drown.

– T.S. Eliot, *The Love Song of J. Alfred Prufrock*

Mícheál Ó Ruairc

DAMBATHEANGA ¦ DAMLANGUAGE

Introduction by Cathal Ó Searcaigh

ARLEN HOUSE

Dambatheanga ¦ Damlanguage

is published in 2014 by/Foilsithe i 2014 ag
ARLEN HOUSE
42 Grange Abbey Road
Baldoyle
Dublin 13
Ireland
Fón/Facs: 00 353 86 8207617
Ríomhphost: arlenhouse@gmail.com
arlenhouse.blogspot.com

International distribution/Dáileoirí idirnáisiúnta
SYRACUSE UNIVERSITY PRESS
621 Skytop Road, Suite 110
Syracuse, NY 13244–5290
Fón: 315–443–5534/Facs: 315–443–5545
Ríomhphost: supress@syr.edu
www.syracuseuniversitypress.syr.edu

978–1–85132–105–6, hardback/crua
978–1–85132–106–3, softback/bog

Clóchur ¦ Arlen House
Priontáil ¦ Brunswick Press

Tá Arlen House buíoch de
Chlár na Leabhar Gaeilge
agus d'Fhoras na Gaeilge

Foras na Gaeilge

CONTENTS ¦ CLÁR

Tiomnú ¦ Dedication

Tiomnaím an leabhar seo do mo bhean chéile ionúin, Bríd, agus do mo mhac, Brian. Buíochas ó mo chroí dóibh as an spás a thabhairt dom ceird sheachantach na scríbhneoireachta a thóraíocht.

I dedicate this book to my wife, Bridget and my son, Brian. Eternal gratitude to them for affording me the space to pursue the elusive craft of writing.

INTRODUCTION

We always need the inspiration and the vision of the poet to open up new outlooks for the future, to provide insightful perceptions of the present and to suggest a reliable reading of the past:

You must not, said the owl
to the caterpillar
You must not sing of the sun.
The sun is not important.

The caterpillar took
the sun out of its poem.

You are an artist
said the owl to the caterpillar.

And all became dark.

This succinctly-anecdotal poem, 'The End of Art', by the German poet Reiner Kunze is expressing a moral message behind its excessive buffoonery. It reinforces my belief and Kunze's too, if I'm not mistaken, in the need for the poet to resist pernicious ideologies as well as fending off apathy.

In these dark days poets must respond positively to the hopes coming from the depths of themselves. Poetry needs to be compassionate – needs to care. Mícheál Ó Ruairc heeds that calling. With a refreshing lift of enthusiasm he resists dulled assumptions and outdated assertions. With his keen vision for renewal he risks new options, and shapes new strategies in Gaelic verse. He is a challenger to our conformities. With his poetry he wants to rouse us out of our usual lethargy 'in tongues of fire'.

His poems are to me the triumphant shout of a threatened language; a language which, despite the spectre of its impending doom is, in these marvellous poems, alive to all the demands and nuances of our times.

His biting satires about the inept, half-hearted State attempts to reinstate the language in our society are bold, challenging texts that highlight the plight of linguistic minorities here and elsewhere. Mostly written in a rich, delightfully-impudent style, they catch the complexities of being a writer in a minority language, of being as Nuala Ní Dhomhnaill so memorably quipped 'the exotica on the margins of English'. In these recent poems of his, Mícheál Ó Ruairc has found a fresh infusion of vigour and a new freedom of expression to deal with the ache and anguish of losing a language.

GAELIC ¦ GAELAINN
after Caitlín Maude

I'm a language

a minor language
from the cold zones
who still has energy and soul
left in me

I would enthrall the multitudes
once
with my wit

but now
I'm in
a glass-case
in the linguistic museum

people gather from near and far
to me

who would do anything in the world
for me
except

speak me

The journey motif is also very important in his poems, be it the eerie revelations of 'Remorse/Doilíos'; the visionary insights of 'Oasis' or the sightseeing tour of the self in the two buoyantly imaginative 'Nitelink' poems.

Ó Ruairc feels the need for the ritual journey into the unknown, the passage into the psyche. In his poems he shares with us what he experienced, the wisdom he gained. He is a seanchaí of the soul; a turned-on, tuned-in Tomás Ó Criomhthain writing eloquent poems of mourning and memory; poems that move deftly between the past and the present enriched by their descriptive acuity and by the depth and intelligence of their insights.

Ó Ruairc has the genius to fuse rant and chant in his poetry to create spellbinding spiels. In these poems he is a Gaelic-sounding Mayakovsky, holding forth at full throttle; 'a linguistic dambuster'. At other times he uses a subdued restraint in word and sound in poems like 'It Was Just That/Ní Raibh Ann' and 'Moss/Caonach'. Unlike the loud, exclamatory Mayakovsky who often trampled on the throat of his own song, Ó Ruairc without raising his voice allows an experience, a recognition, a moment to become sweetly vivid and publicly intimate.

I admire the formal artistry and the lyric accuracy of this hugely gifted poet. He is already a revered prose writer in Gaelic. This bilingual edition initiated by the very enterprising Arlen House will, I have no doubt, broaden his appeal and enlarge his audience.

Cathal Ó Searcaigh
Oíche Fhéile Bríde, 2014

Dambatheanga ¦ Damlanguage

It Was Just That

it was just that
we were not
in the same place
at the same time

it was just that
you had
left before
I arrived

It was just that
I was
late and you were
too early

it was just that
tiny little heartbeat
between
me and you

Ní Raibh Ann

ní raibh ann
ach nach rabhamar
san áit chéanna
ag an am céanna

ní raibh ann
ach go raibh tusa
imithe sula
dtáinig mise

ní raibh ann
ach go rabhas
déanach is go rabhais
ró-luath

ní raibh ann
ach buille croí
beag bídeach amháin
idir mé agus tú

The Girl who Was Called Out

I remember the girl
who was called out
of the Geography class
one fine spring morning long ago.
I remember her face
the colour of ashes
as she was leaving the room
her atlas left open
behind her
on the wooden desk,
her pencil laid down
on the map of Europe
beside the Black Sea,
like a shovel
thrown sideways
at the mouth of a freshly
dug grave

An Cailín ar Glaodh Amach Uirthi

Cuimhním ar an gcailín
ar glaodh amach uirthi
as an rang Tíreolaíochta
ar lá breá Earraigh san anallód.
Cuimhním ar a haghaidh
ar dhath na luaithe
agus í ag fágáil an tseomra
a hatlas fágtha oscailte
ina diaidh aici
ar an mbinse adhmaid,
a peann luaidhe leagtha
anuas ar léarscáil na hEorpa
le hais na Mara Duibhe,
amhail sluasaid a bheadh caite
ar sceabha
ag béal uaighe
nuathochailte

CITIES

You are a city.
A beautiful, enchanting, ancient city.

You are a city that comes up to expectations.
You are a city that doesn't.

You are a labyrinthine city.
You are a heavenly city.

You are a city.
A dark, mysterious, uncharted city.

And I see cities in your eyes,
cities that I have seen already:

Cork, Paris, Rome.
New York, Tunis, Barcelona.

And I see cities that I have not yet
seen and will never see.

And I see cities that haven't been built,
cities that are beyond the realms of the imagination.

And I see cities that were built
and razed to the ground a long, long time ago

and all that remains of them at this stage
are lonely, deserted ruins.

You are a city.
A city that sleeps soundly tonight.

You are a city.
A city whose head is cradled on my breast.

Cathracha

Is cathair tú.
Cathair aoibhinn, álainn, ársa.

Is cathair mar a tuairisc tú.
Is cathair gan a tuairisc tú.

Is cathair ghríobháin tú.
Is cathair neamhaí tú.

Is cathair tú.
Cathair dhorcha, dhiamhair, dho-eolais.

Is chím cathracha i do shúile,
cathracha atá feicthe agam cheana:

Corcaigh, Páras, An Róimh.
Nua-Eabhrac, Tunis, Barcelona.

Is chím cathracha nach bhfuil feicthe
fós is nach bhfeicfear go deo.

Is chím cathracha nach bhfuil tógtha,
cathracha atá as raon na samhlaíochta.

Is chím cathracha a tógadh
is a leagadh anuas fadó, fadó

is nach bhfuil iontu um an dtaca seo
ach fothraigh uaigneacha, thréigthe.

Is cathair tú.
Cathair a chodlaíonn go sámh anocht.

Is cathair tú.
Cathair a bhfuil do cheann ar m'ucht.

Shoaling

One of those golden days
before death grabbed
you by the throat

and choked you dry
you spoke to me
of the joy

you experienced on nights
when you were out fishing
during your youth

when there was a run of fish
in the nets and the disappointment
you felt on one particular night

when it looked like the currach
would be unable to bear the heavy load
to the quayside

and how it fell to your lot
to start cutting
and set free a net or two

or three into
the depths of the sea
with their unfreed catch of fish.

Oh, I'm in a similar situation to you
tonight, father, here in my room
and my little coracle of verse

Ráthaíocht

Lá de na laethanta órga
sula rug an bás
greim sceadamáin ort

agus thacht tirim thú
labhair tú liom
faoin ngliondar

a thagadh ort oícheanta
agus sibh amuigh ag iascach
le linn d'óige

nuair a bhíodh rith éisc agaibh
sna líonta agus ansan an díomá
a lean an oíche áirithe seo

nuair ná féadfadh an naomhóg
an t-ualach ar fad a iompar
go dtí an ché

agus faoi mar gur ort féin a thit an crann
dul i mbun sceanairte
agus líon nó dhó

nó trí a ligint le fána
isteach i ndoimhneas na farraige
lena mbaisc éisc neamhscaoilte.

Ó, táim sa dán céanna leat anocht,
a athair liom, anseo im sheomra
is mo naomhóg bheag

gone to one side with the weight of ideas
which will sink it
if I don't consign

a line or two or three into
the depths of oblivion
before I go the sleep.

ar sceabha le meáchan na smaointe
a chuirfidh go tóin poill í
muna scaoilim

le líne nó dhó nó trí isteach
i nduibheagán na díchuimhne
sula dtéim a luí.

The Gobán Saor
in loving memory of my father who died in 1997

The only one you ever reminded
me of was the Gobán Saor.
Your constant tunes were always
'if you don't do it right

don't do it at all'
and 'if you don't want
to do it I'll do it myself'.
An excellent craftsman. Skilful. Handy.

Not a single solitary thing
out of order.
The impatience of the master
forever driving you on.

The living image of the Gobán Saor.
I used to be awkward around you.
Clumsy. My heart in my mouth
that I wouldn't do properly

whatever it was you were doing.
That I'd make a mistake. Be
slovenly. That you'd notice
my lack of interest, my inattention.

Even in my forties I was still
trying to hide my soft
hands from you as I was tightening
a knot, lighting a fire

An Gobán Saor[1]

i ndilchuimhne ar m'athair d'éag 1997

Ní fhacthas oidhre riamh ort in áit
ar bith ach an Gobán Saor.
B'iad na poirt a mbíodh agat de shíor
ná 'muna ndéanann tú i gceart é

ná déan in aon chor é',
agus 'muna dteastaíonn uait
é a dhéanamh déanfaidh mé féin é'.
Sárcheardaí. Oilte. Deaslámhach.

Gan bun cleite isteach
ná barr cleite amach.
Mífhoighne an mháistir cheirde
ag síordhó na geirbe agat.

An Gobán Saor ina steillebheatha.
Tráth bhínn amscaí timpeall ort.
Ciotach. Mo chroí im' bhéal agam
nach ndéanfainn i gceart

pé rud a bhí idir lámha agat.
Go ndéanfainn botún.Go mbeinn
liobarnach. Go dtabharfá faoi deara
m'easpa suime, mo neamhaird.

Fiú is an dá scór slánaithe agam.
mé ag iarraidh mo lámha boga
a cheilt ort is mé ag fáisceadh
gaid, ag adhaint tine

or laboriously rebuilding a stone fence.
These days, however,
since you departed into the unknown
we get on much better

when we happen to meet up
at night-time, the two of us
on one step, on one word
and when the order comes

'tell me a story, son!'
I'm ready for you and do
your bidding immediately,
the two of us with the loping strides

of mountainy men hitting the road –
the long road without direction –
that I shorten for us both
with words, with zeal, with zest.

nó ag atógáil claí ar saothar.
Ar na saolta seo áfach
ó bhailigh tú leat ar shlí na fírinne
réitímid i bhfad níos fearr

nuair a chastar ar a chéile
sinn istoíche, an bheirt againn
ar aon choiscéim, ar aon fhocal
is nuair a thagann an t-ordú

'inis scéal dom, a mhic!'
bímse ullamh duit is déanaimse
rud ort láithreach bonn,
an bheirt againn de thruslóga

fir sléibhe ag tabhairt ár mbóthar orainn –
an bóthar fada gan treo –
's mé á ghiorrú dúinn araon
le focail, le flosc, le fonn.

THE STONE BOAT

in loving memory of Pádraig Ó Cléirigh who died Christmas 2005

I need to bring the stone boat
that's to be found beside the Poddle
River behind Mount Jerome
Cemetery to the surface

sometime before I kick the bucket,
Pádraig. During the final conversation
we had in Club an Chonartha
a few weeks before your death,

you spoke of that stone boat
as if you had just unearthed the tomb
of Tutankhamun, totally oblivious
as to the paradox buried there.

Unknown to yourself, I reckon,
you happened upon, as we all will
eventually if we live long enough,
the similitude that best suited

yourself, the image that comprises
your life story from cradle to grave.
A stone boat was the present you got
with which to chart a course

across the sea of life.
All the rest of us beside you in our
various vessels atop the waves:
canoes, currachs, punts, barges,

An Bád Cloiche

i ndilchuimhne ar Phádraig Ó Cléirigh d'éag Nollaig 2005

Ní mór dom an bád cloiche
atá suite le hais Abhainn an Phoitéil
laistiar de Reilig Chnocán Ioróim
a thabhairt chun uachtair

uair éigin sula gcaillfear mé,
a Phádraig. Sa chomhrá deireanach
a bhí eadrainn i gClub an Chonartha[2]
seachtain nó dhó sular cailleadh tú,

labhair tú faoin mbád cloiche sin
amhail is gurbh é tuama Tutankhamun
a bhí nochtaithe agat is tú beag beann
ar an bparadacsa a bhí adhlactha ann.

Tháinig tú i ngan fhios duit féin,
déarfainn, mar a tharlóidh dúinn
go léir má mhairimid fada go leor,
ar an samhail ab fhearr a d'oir

duit, ar an íomhá a chuimsigh scéal
do bheatha shaolta ó aois go bás.
Bád cloiche a tugadh duit mar thabhartas
chun do chúrsa a threabhadh

thar broinn bóchna an tsaoil.
An chuid eile againn farat inár
soithigh éagsúla ar bharr na dtonn:
naomhóga, curachaí, puntaí, báirsí,

well-boats, seine-boats, fishing-
boats, sailing-boats, inflatable dinghies,
launches, speedboats, yachts.
Everybody with his own boat

vigorously trying to chart a course
over high, ungovernable waves.
You left by yourself in the shallows,
Pádraig, forever unable

to leave the sheltered harbour,
alone and constricted beside the quayside,
feats of valour and heroics
and great sea voyages

being planned for your stone craft,
you exultant, impatient however about
the challenges that lie ahead while
your vessel sits there like a lump of lead.

báid thobair, báid shaighne, báid
iascaigh, báid seoil, báidíní séidte,
lainsí, báid luais, luaimh.
Gach éinne is a bhád féin aige

agus é ar dalladh cúrsa a threabhadh
thar tonnta arda, ainrianta.
Tusa fágtha san uisce éadomhain
i gcónaí, a Phádraig, is gan tú ábalta

riamh fothain an chuain a fhágáil,
sa chúngach i d'aonar le hais na cé,
gníomhartha gaile is gaisce
agus turasanna móra farraige

á mbeartú agat led' árthach cloiche,
tú caithréimeach, mífhoighneach ámh
faoin dúshlán ach gan ar do chumas
riamh do shoitheach a chur ag snámh.

REMORSE

in loving memory of my mother who died in 1995

If I could take back that night
in the nursing home, I'd take it
willingly and I'd stay with you and I'd listen
to the death-rattle in your throat,
the two of us sitting together
in that unfathomable silence preceding death.

But wasn't the dog in the car
outside the door getting impatient?
My wife and our young son exhausted
after the long journey from Dublin
and the nurse after informing me
that you could last the night?

And so I succumbed to the temptation
and headed back west –
thinking it was the best course of action –
towards An Leitriúch and the glass of brandy
that would light a fire in my belly
in the pub down at the quay.

And I left you there alone on your death-
bed upstairs in the nursing home
from which there was a view of the sea,
having firmly resolved to be
back to you again before daybreak
the following morning.

Doilíos

i ndilchuimhne ar mo mháthair d'éag 1995

Dá bhféadfainn an oíche úd sa tigh altranais
a thógaint thar n-ais thógfainn
go fonnmhar í agus d'fhanfainn leat
agus d'éistfinn le glothar an bháis id scornach
an bheirt againn suite le chéile
sa chiúnas dothomhaiste réamhbháis.

Ach nach raibh an gadhar a bhí sa chairt
lasmuigh den doras ag éirí míshocair?
Mo bhean is ár mac óg spíonta amach
ón turas fada ó Bhaile Átha Cliath
agus é ráite liom ag an mbanaltra
go bhféadfá an oíche a thabhairt leat?

Agus ghéilleas don chathú a cuireadh orm
agus thugas faoin mbóthar siar –
ag ceapadh gurbh é lár mo leasa é –
go dtí an Leitriúch[3] agus faoin ngloine bhranda
a splancfadh an teas im' phutóga
sa tigh tábhairne thíos ag an gcé

agus d'fhágas ansin thú i d'aonar ar leaba
do bháis thuas staighre sa tigh altranais
óna raibh radharc ar an bhfarraige
agus rún daingean déanta agam
go bhfillfinn chugat le bodhránacht an lae
an mhaidin dar gcionn.

The Birds and Saint Kevin

in loving memory of Mícheál Ó Dubhshláine
who would have understood

in the trees
all around
Glendalough
the birds
are patiently awaiting
the arrival of Saint Kevin

they stretch out their wings
to him and signal
to him with their rosary beaded
darting eyes
and sometimes
as dawn breaks

and the lake
is getting its act together
after the night
they sing softly
'Kevin Oh Kevin
friend of the birds

come forth to us
out of the mist
of times long past
and nestle
your sore head
on our feathered breasts

and let us
transport you
to your secret bed
beneath

Na hÉin agus Naomh Caoimhín

i ndilchuimhne ar Mhícheál Ó Dubhshláine[4] a thuigfeadh

sna crainn
thart timpeall
ar Ghleann Dhá Loch
tá na héin
ag fanacht go foighneach
ar theacht Naomh Caoimhín

síneann siad a sciatháin
chuige agus sméideann
air lena gclocha paidríní
de shúile preabanta
agus uaireanta
le giolcadh an ghealbhain

agus an loch
ag teacht chuige féin
tar éis na hoíche
ceolann siad os íseal
'a Chaoimhín a Chaoimhín
a chara na n-éan

tar chugainn
as ceobhrán
na gcianta cairbreacha
agus neadaigh
do chloigeann tinn
ar ár mbrollaigh chlúimh

agus lig dúinn
tú a iompar
chuig do leaba chluthair
faoi bhun

two fir trees
on the side of the cliff'

there is no answer
except for
the soothing sound
of the waves
breaking
on the lake shore

and beads of perspiration
can be seen
rising
from the water
and floating
slowly towards

the heavens

dhá chrann giúise
ar thaobh na haille'

freagra ní fhaighthear
ach amháin
go gcloistear
monabhar suaimhneach
na dtonn ag briseadh
i mbéal locha

agus go bhfeictear
drúchtíní allais
ag éirí aníos
as an uisce
agus ag foluain
go mall i dtreo

na bhflaitheas

Damlanguage

Friday 3am, 20 November 2009

Tonight I am a dam
the Inniscarra Dam
at my level best trying
to protect the city
from the unbridled forces of evil
holding the fort bravely
in the eye of the storm
before the ferocious attack
of the uncontrollable flood
that was begotten in Gougane Barra
and is being carried
on the River Lee
to Cork Harbour.

Tonight I have no option
other than cling tightly
to my strong faith
in the damlanguage
that I practised faithfully all my life
here at the edge of the city to which
I'm semi-attached in my hour of need
a champion warrior
and a linguistic dambuster
railing against the conspiracy
of an indifferent state
that has lost its faith in the language
for many a long day.

Tonight I am lonely
Finbar of the island
flinging feeble verses
into the fierce torrent
of ignorant water,

DAMBATHEANGA

Dé hAoine 3r.n. 20 Samhain 2009

Anocht is damba mé,[5]
damba Inis Cara,
ar mo chroídhícheall ag iarraidh
an chathair a chosaint
ó fhórsaí ainshrianta an oilc
ag seasamh an fhóid go calma
sa bhearna bhaoil
roimh ionsaí fíochmhar
na tuile móire docheansaithe
a gineadh i nGúagán Barra
agus atá á hiompar
ar Abhainn na Laoi
go Cuan Chorcaí.

Anocht ní mór dom
cloí go docht
lem' chreideamh daingean
sa dambatheanga
a chleachtas go dílis 'feadh mo shaoil
's mé fágtha ar imeall na cathrach
leithliom ar uair mo chinniúna,
im chuinge catha
is im' dhambóir teanga
in aghaidh chomhcheilg
an stáit réchúisigh
a bhfuil a chreideamhtheanga
caillte aige le fada.

Anocht is mé Fionnbarra
aonarach an oileáin
ag raideadh véarsaí bacacha
in aghaidh srutha mhóir
an uisce aineolaigh,

waging war on those
whose nature is not to be loyal
and who do not match their
weasel words with actions
who forsake their comfort-tongue
when push comes to shove
to flee to higher ground
for fear of drowning.

ag fógairt cogaidh orthusan
nach dual dóibh 'bheith dílis
is nach ndéanann beart de réir
a gcambhriathra
a thréigeann a dteanga
chluthair in am an anaithe
chun teitheadh i dtreo an aird
ar eagla a mbáite.

NITELINK 1

the passengers on the *Nitelink*
whooping it up
in their own languages
the intoxication of the foreign accents
in my ears
and the stupefaction of drunkenness
oscillating me to sleep
at the dead of night

I'm haggling with a darkskinned
pearly-white toothed man
about the price of a camelskin
travel bag
in the sunscorched street market
of *Sidi Bon Said*
three miles outside Tunis
and almost across the road
from the ruins of Carthage
when I'm awakened
out of my slumber
by high pitched hostile voices
and the recognizable accents
of our capital city
every '*f*' ferocious
every '*b*' venomous
every '*c*' racist
deafening me
and strangulating the utterances
of the other passengers
it is brought home to me
on the spot
there's no genocide like cultural genocide
there's no violence like mental violence
there's no rape like linguistic rape

Nitelink 1

na paisinéirí ar an *Nightlink*
ag spalpadh
ina dteangacha dúchais féin
meisce na dtuineacha coimhthíocha
im chluasa
agus dallcheo na póite
do mo luascadh chun suain
ag uair mhairbh na hoíche

ag margáil a bhím
le fear dorcha déadlonrach
faoi phraghas mhála taistil
déanta as craiceann camaill
i margadh sráide grianscallta
Sidi Bon Said
trí mhíle lasmuigh de Thúinis
agus trasna an bhóthair geall leis
ó fhothracha na Cartaige
nuair a músclaítear
as m'aisling mé
ag guthanna arda scréachacha
agus tuineacha aithnidiúla
na hArdchathrach
gach *'f'* fíochmhar
gach 'b' binbeach
gach *'c'* ciníoch
do mo bhodhradh
is ag tachtadh urlabhra
na bpaisinéirí eile
go dtuigtear dom
ar an dtoirt
nach ciorrú go ciorrú cultúrtha
nach foréigean go foréigean intinne
nach éigniú go héigniú teanga

and our little country
and our own language
at this stage
are like
the four walls of a house
built by a bad tradesman
with the foundation-stone
missing

is nach bhfuil inár dtírín
is inár dteanga náisiúnta
um an dtaca seo
ach mar a mbeadh
ceithre creatlacha an tí
tógtha ag drochcheardaí
agus an chloch choirnéil
ar iarraidh

NITELINK 2

and this is the boat
to Hades
crossing the Styx
at the dead
of night
and those of us on board
like the souls of the dead
pissed out of our minds
being transported
to the Land of Oblivion
by our ancient ferryman
Charon
everybody
speaking
with one voice

in tongues of frenzy
in tongues of fire
in tongues of shoes
in tongues of Jew's-harp
in tongues of earth
in tongues of sky
in tongues of water
in tongues of air
in tongues of alcohol
in tongues of hashish
in tongues of farting
in tongues of snoring
in tongues of texting
in tongues of *iPhone*
in tongues of *Smartphone*
in tongues of *iPad*
in tongues of *YouTube*
in tongues of *Twitter*

NITELINK 2

agus is é seo an bád
go Háidéas
ag trasnú na Stiocs
ag uair mhairbh
na hoíche
agus sinne ar bord
amhail anamacha na marbh
dallta ar meisce
á n-iompar
go Tír an Dearmaid
ag ár seanfharantóir
Carón
gach éinne
ag labhairt
d'aonghuth

i dteangacha mire
i dteangacha tine
i dteangacha bróg
i dteangacha trumpa
i dteangacha talún
i dteangacha spéire
i dteangacha uisce
i dteangacha aeir
i dteangacha alcóil
i dteangacha raithní
i dteangacha broma
i dteangacha sranntarnaí
i dteangacha téacsála
i dteangacha *iPhone*
i dteangacha *Smartphone*
i dteangacha *iPad*
i dteangacha *YouTube*
i dteangacha *Twitter*

in tongues of *Facebook*
in tongues of *Meetup*
in tongues of *ask.fm*
in tongues of *Wifi*
in tongues of *Ning*
in tongues of *Nong*

in foreign tongues
in high-pitched tongues
in gay tongues
in tongue-pierced tongues
in tongue-ringed tongues
in copulating tongues
in come-to-bed tongues
in tattooed tongues
in phallic tongues
in vaginal tongues
in French-kissing tongues
in kiss-my-arse tongues
in brassiered tongues
in exposed-thigh tongues
in mini-skirted tongues
in transvestited tongues
in sideways-glancing tongues
in ogling tongues
in flirtatious tongues
in lustful tongues
in fishnet stockinged tongues
in wink-and-a-nod tongues
in cross-eyed tongues
in tongue-in-cheek tongues

in every tongue
under the sun

i dteangacha *Facebook*
i dteangacha *Meetup*
i dteangacha *ask.fm*
i dteangacha *Wifi*
i dteangacha *Ning*
i dteangacha *Nong*

i dteangacha coimhthíocha
i dteangacha scréachacha
i dteangacha aeracha
i dteangacha teangaphollta
i dteangacha teangafháinnithe
i dteangacha leathair
i dteangacha leapa
i dteangacha tatuálta
i dteangacha bodúla
i dteangacha faighneacha
i dteangacha pógFhrancacha
i dteangacha póg-mo-thóin
i dteangacha cíochbheartacha
i dteangacha ceathrúnochtaithe
i dteangacha mionsciortacha
i dteangacha trasfheisteoireachta
i dteangacha sracfhéachana
i dteangacha catsúileacha
i dteangacha cliúsaíochta
i dteangacha drúisiúla
i dteangacha stocaí mogallacha
i dteangacha súilchaochta
i dteangacha fiarshúileacha
i dteangacha ó na fiacla amach

i ngach teanga
faoin ngrian

except for our own
tongue

and as I am disembarking
from the boat
at the quayside of my own fate
I bid farewell
to Charon
our aged ferryman
with 'oíche mhaith
codladh sámh'
and he looks at me
in a dull-witted
spiteful
foppish
loutish
anglicized
ignorant
and hostile tongue
as if I was
the worst lunatic
that ever escaped
from a maximum security
mental asylum
a look
that will stay
in my memory
until Doomsday
or even longer

and I stagger away from him
into the pitch darkness
of the narrow passage
leading into my own housing estate

cé is moite den
teanga seo 'gainne

agus mé ag dul i dtír
ón mbád
ag cé mo chinniúna féin
fágaim slán
ag ár seanfharantóir
Carón
le 'oíche mhaith
codladh sámh'
is féachann sé orm
i dteanga dhúramánta
ghangaideach
ghaigiúil
ghamalach
ghallda
an aineolais
agus an doichill
amhail is go mba mise
an ghealt ba mheasa
dar éalaigh riamh
as gealtlann
ardshlándála
féachaint
a fhanfaidh
im chuimhne
go Lá an Bhrátha
nó níos faide fiú

agus tuislím uaidh
isteach i bpicdhorchadas
phasáiste chaoil
m'eastáit thithíochta féin

feeling so insulted
and ashamed
by the gratuitous
linguistic apartheid
directed towards me

that I begin
giving out
full throttle
at the top of my consonant
and vowel
in the half-forgotten
orphaned tongue
of my ancestors
in the style of
the Red Indian
or anyone belonging
to the tribe of the *Maori*
or the *Aborigine*
drunk out
of his skull
on his way home
from the boozer
Sunday morning
before the crack
of dawn

and the only response
to his ferocious rant
coming from the barking dogs
in the back-gardens
in their own
rabid
canine tongues

is mé maslaithe
agus náirithe
ag an teangadheighilt
gan tuilleamh
a deineadh orm

go dtosnaím
ag cur díom
go tréan
in ard mo chonsain
is mo ghuta
i dteanga leathdhearmadta
dhílleachtaithe
mo shinsir
mar a dhéanfadh
Indiach Dearg
nó duine ar bith
de threibh an *Maori*
nó an *Aborigine*
agus an inchinn
sa leathcheann aige
ar a bhealach abhaile
óna thobairín
maidin Dhomhnaigh
roimh ghiolcadh
an ghealbhain

is gan de thoradh
ar a sciolladh fíochmhar
ach na madraí ag tafann
sna cúlghairdíní
ina dteangacha
confacha
gadhrúla féin

and an occasional light
coming on
in a bedroom
here and there
like haphazard
fainthearted
glimmering
beacons
in the linguistic gloom
guiding him
to his tongue-tied
tongue-deserted
hovel
in the *Shanty*
where
he lives

agus corrsholas
á lasadh
i seomra leapa
anseo is ansiúd
mar lóchrainn
fhánacha
fhannchroíocha
fhannléasacha
sa teangadhoircheacht
dá threorú
go dtí a bhotháinín
teangabhalbh
teangathréigthe
sa *Shanty*
ina bhfuil sé
ina chónaí

Scorched Tongue

writing feeble verses
in the ancestral tongue
in my lonely room
while half-listening to Raidió na Gaeltachta
at the same time
in Beirut and Baghdad –
ancient cradles of civilization –
I hear that the devastation
and the destruction
is getting worse
nasal vowels
in flames of fire
and palatal consonants
in showers of blood
in the linguistic cleansing
by those who speak
the English language
languages being routed raped
and subdued
by the forces of Jargon
ancient jewelled syllables
blown
to smithereens
all over
the place
like body parts
of women
and small innocent
children

Teangaloscadh

ag gabháil do véarsaí bacacha
i dteanga ár sinsir
i mo sheomra uaigneach
's ag leathéisteacht le RnaG
ag an am céanna
i mBéiriút agus i mBagdad –
cliabháin ársa na sibhialtachta –
cloisim go bhfuil an léirscrios
agus an loitiméireacht
ag dul in olcas
gutaí srónacha
ina mbladhmanna tine
's consain charballacha
ina bhfolcthaí fola
ag glanadh teangeolaíoch
lucht labhartha
an Bhéarla
teangacha á n-ionsaí, á n-éigniú
's á gcloí
ag fórsaí an Bhéarlagair
siollaí seodmhara seanda
séidte
ina smidiríní
ar fud
na háite
amhail codanna colainne
ban
agus páistí beaga
soineanta.

High Noon

Now that the Third World Language-war has
been declared on Irish speakers by the forces
of Jargon, members of *La Résistance* must resort
to meeting each other in safe language-houses
such as the Club of the Gaelic League on Harcourt Street

or register with the Cork Irish-Supporters Club
or go under cover of darkness to
the MacAdam Ó Fiaich Culture Club in the *Gaeltacht*
Quarter on the Falls Road in Belfast
or make a secret dash to the Irishman's Lodge

on Dominick Street in the City of the Tribes
or we could explode a language bomb
in an inn in Gortahork or in Fal-
Carragh, in Carraroe or in Maam Cross
or make a dash at Dunquin in the evening

sunshine and lob a slender consonant-grenade
or two over a half-door into the gloaming
of the language riches that is in real danger, sitting
by the fireside in the cradle-bier twilight.
Into the trenches with us, then, my fellow linguists,

we who are the unarmed language-militants
and the peaceful language-warriors fighting bravely
against the language-cleansing of the Superpowers,
with only the lingo of the court of heaven as ammo
in this war to end all wars.

High Noon

Anois go bhfuil an Tríú Teangachogadh
Domhanda fógartha ag fórsaí an Bhéarlagair
ar Ghaeilgeoirí ní mór do bhaill de *La Résistance*
cruinniú le chéile i dteanga-thithe sábháilte
ar nós Chlub a' Chonartha ar Shráid Fhearchair

nó clárú le Club Ghael-Thacadóirí Chorcaí
nó imeacht faoi choim na hoíche go dtí
Cultúrlann MacAdam Ó Fiaich sa Cheathrú
Ghaeltachta ar Bhóthar na bhFál i mBéal Feirste
nó sciuird rúnda a thabhairt ar Árus na nGael

ar Shráid Doiminic i gCathair na dTreabh
nó d'fhéadfaimis buamaí teanga a phléascadh
i dtithe ósta i nGort a' Choirce nó ar an bhFal
Carrach, ar an gCeathrú Rua nó sa Teach Dóite,
nó ruathar a thabhairt ar Dhún Chaoin faoi

sholas an tráthnóna is consan-ghranáid caol
nó dhó a labáil thar leathdhoras isteach i gcontráth
an tsaibhris teanga atá i gcontúirt a anama suite
cois teallaigh sa chlapsholas cliabhánchróchartha.
Isteach sna trinsí linn, mar sin, a chairde teanga,

sinne, na teangamhíleataigh neamharmtha
agus na teangathrodairí síochánta ag troid go cróga
in aghaidh teangaghlanadh na Sárchumhachtaí, gan
d'armlón againn ach fraeic-theanga chúirt na bhflaitheas sa
chogadh seo a chuirfidh críoch le gach cogadh.

On the Train to Cabra

A little slip of a schoolgirl
wearing a grey uniform
on a dark winter's evening
that you wouldn't put
your black Russian terrier out
standing firmly
in the middle of the narrow aisle
on the train from Pearse Street Station
to Cabra not giving a shit
whether those around you
are there are not as you answer
your mobile in the impure
Irish of the All-Irish School
at the top of your voice
not in the least bit put out by the hostile
glances and incredulous expressions
of your fellow travellers
fair play to you
my little girl of the sweet vowels
who's true to her race
spouting away in her heartlanguage
you are my Gráinne Mhaol my Róisín Dubh
my Dear Faithful Brown Cow
my Star of the Bright Skycandle
on your way home from school
on the train to Cabra
on a dark winter's evening
that you wouldn't put
your black Russian terrier out

Ar an Traein go Cabrach

Bonsach bheag de ghirseach scoile
in éide de ghlas na gcaorach
tráthnóna caoch geimhridh
nach gcuirfeá do bhrocaire
dubh Rúiseach amach
i do sheasamh go diongbháilte
i lár an phasáiste chaoil
ar an traein ó Stáisiún na bPiarsach
go Cabrach gur cuma sa tsioc
leat a bhfuil timpeall ort
a bheith ann nó as is tú ag freagairt
do ghutháin phóca i nGaeilge
neamhghlan Ghaelscoile
in ard do chinn is do ghutha
beag beann ar shracfhéachaintí
doicheallacha agus ar dhreachanna
díchreidmheacha do chomhphaisinéirí
mo ghraidhin go deo thú
a chailín bhig na teanga binne
nach dtugann cúl le cine
ag spalpadh leat i dteanga do chroí
's tú mo Ghráinne Mhaol mo Róisín Dubh
mo Dhroimeann Donn Dílis
mo Réaltann na Spéirchoinneal gCaomh
ar do bhealach abhaile ón scoil
ar an traein go Cabrach
ar thráthnóna caoch geimhreidh
nach gcuirfeá do bhrocaire
dubh Rúiseach amach

Irish as a Foreign Language

Leeson Street Lower, February 2008

almost every day
I teach Irish
as a foreign language
to students in this place
who don't want
to learn it
speak it
hear it
read it
or write it

almost every night
I write in the same language
until midnight
or even later
for readers
who don't exist
or who have little regard
for what
I am writing
about

is it any wonder therefore
that I'm fit to be tied
gone crazy altogether
or frothing at the mouth
from trying
to tighten a knot
on an icicle
with only a sand rope
with which
to do it?

Irish as a Foreign Language
Sráid Líosain Íocht, Feabhra 2008

gach aon lá geall leis
múinim Gaeilge
mar theanga iasachta
do dhaltaí san áit seo
nach dteastaíonn uathu
í a fhoghlaim
a labhairt
a chloisint
a léamh
ná a scríobh

gach aon oíche nach mór
scríobhaim sa teanga chéanna
go huair mhairbh na hoíche
nó níos déanaí fiú
do léitheoirí
ná fuil ann
nó atá beag beann
ar a bhfuil
á scríobh
agam

an aon ionadh mar sin
go bhfuilim le ceangal
imithe le craobhacha
nó le báiní ar fad
ó bheith ag iarraidh
snaidhm a fháisceadh
ar choinlín reo
is gan agam
ach súgán gainmhe
chuige?

Gaelic
after Caitlín Maude

I'm a language

a minor language
from the cold zones
who still has energy and soul
left in me

I would enthrall the multitudes
once
with my wit

but now
I'm in
a glass-case
in the linguistic museum

people gather from near and far
to me

who would do anything in the world
for me
except

speak me

Gaelainn

d'aithle Caitlín Maude[6]

teanga mé

mionteanga
as na fuarchreasa
a bhfuil beocht agus anam
fós fágtha ionam

chuirfinn na sluaite faoi gheasa
uair
lem dheisbhéalaíocht

ach anois
is istigh
i gcás gloine atáim
san iarsmalann teangeolaíochta

bailíonn daoine ó chian is ó chóngar
chugam

a bheadh sásta aon ní faoin ngrian
a dhéanamh dom
ach mé

a labhairt

SEOSAMH MAC GRIANNA 1

After looking at the famous photograph
Dara Mac Dónaill took of him

You are the Irish language
incarnate
like you'd cut the head
off it,
that look in your eyes
that has more than
two thousand years
of linguistic apartheid in it.

SEOSAMH MAC GRIANNA 1[7]

Tar éis dom a bheith ag breathnú ar an ngrianghraf cáiliúil a thóg Dara Mac Dónaill de

Is tú an Ghaeilge
'na steillebheatha,
mar a ghearrfaí an ceann
anuas di,
an fhéachaint san id' shúile
a bhfuil breis
agus dhá mhíle bliain
de theangadheighilt inti.

SEOSAMH MAC GRIANNA 2

After reading Mo Bhealach Féin ... *again*

I'd much prefer
one single honest page of your work
than a full library
of mediocrity.

Seosamh Mac Grianna 2

Tar éis dom Mo Bhealach Féin[8] *a léamh … arís*

B'fhearr liom leathanach
ionraic aonair dod' shaothar
ná lán leabharlainne
de lagmheasaracht.

PADDY MALONE

Elegy

We'll see your likes again
I'm certain
but it's not Island Irish
he'll be speaking.

PÁDRAIG UA MAOILEOIN[9]

Dán in ómós

Beidh do leithéid arís ann
táim cinnte de
ach ní Gaelainn an Oileáin*
a bheas á labhairt aige.

Angels

in loving memory of Erin and Shannon Gallagher

Ireland is sorrowful tonight
lonely flows the ancient Shannon
on a bank amongst the reeds
are two white bright swans
in the bosom of the moonlight night
a pair of beautiful young angels
in each other's arms eternally

Aingil

i ndilchuimne ar Erin agus Shannon Ní Ghallchóir[10]

brónach í Éire anocht
uaigneach an tSionnainn ársa
i bport i measc na ngiolcach
péire ealaí geala bána
i mbaclainn na hoíche gealaí
péire aingeal óg álainn
i mbaclainn a chéile go síoraí

The Fireside Cricket

in loving memory of my mother Nora Mai O'Rourke 1916–1996

At that time when the hearth was the best
anchor of all my mother used to go
visiting to O'Dowd's house
in Murrigrane North to listen
to the fireside cricket
cricketing away to his heart's content
in the chimney corner as crowds gathered
on the hearth on winter's nights
to chat and pass the time.

Scant attention my mother paid them
as her ear was cocked for the sweet
magical piping of the tiny
invisible creature hidden somewhere
at the back of the fireplace
who enchanted her and shortened
the winter for her at a time when Murrigrane
was a proper village,
people meeting one another

on 'The Street' above her home,
a band of turf-cutters heading up the hill
at the crack of dawn
and four currachs on stages
down on the Trá Bháin.
Today Murrigrane North exists
in name only,
the houses of the old dwellers
reduced to derelict ruins,

An Píobaire Teallaigh

['Píobaire teallaigh' nó 'píobaire iarta' nó 'píobaire gríosaí'
= *cricket*]
i ndilchuimhne mo mháthar Nóra Ní Néill 1916–1996

An tráth úd nuair ba mhaith an t-ancaire
an t-iarta théadh mo mháthair
ag bothántaíocht Tigh Uí Dhubhda
i Murfhorgán Thuaidh[11] chun éisteacht
leis an bpíobaire teallaigh
ag criogaireacht go binn i bpoll
an iarta agus na sluaite bailithe
cois teallaigh oícheanta geimhridh
ag seanchas ar chúrsaí an tsaoil.

Ní orthusan a bhí aird mo mháthar
ach ar phíobaireacht dhraíochtúil
bhinn an chréatúirín bhig
dhofheicthe a bhí folaithe
áit éigin ar chúl na tine
a chur faoi gheasa í agus a ghiorraigh
an geimhreadh di tráth ba shráidbhaile
le dealramh é Murfhorgán,
daoine ag casadh ar a chéile

ar 'an tSráid' lastuas dá tigh cónaithe,
meitheal na móna ag tabhairt faoin gcnoc
ag giolcadh an ghealbhain
agus ceithre cinn de naomhóga ar stáitsí
thíos ar an Trá Bháin.[12]
Ní hann do Mhurfhorgán Thuaidh sa lá
atá inniu ann ach ar éigean,
tithe na seanmhuintire
ina bhfothraigh thréigthe

decaying and decomposing,
the desolate hearths oozing water
and the place of the fireside cricket
usurped by the jackdaw, the rook
and the black, accursed carrion-crow,
her wings spread over
the birthplace of Gearóid of Murrigrane,
showing the door to the ghosts of my ancestors
with her horrible, cacophonous croaking.

ag lobhadh agus ag dreo,
na teallaigh fhuara ag úscadh uisce
agus áit an chriogair teallaigh
tógtha ag an gcág, an rúcach
agus ag an mbadhbh dhubh mhallaithe,
a sciatháin leata aici
ar bhaile dúchais Ghearóid Mhurfhorgáin[13]
ag cur taibhsí mo chine ó dhoras
lena grágáil ghránna mhíbhinn.

Moss

The Irish language sticks to this locality
as moss fastens itself to a rock
or as a hard memory sticks to the mind,
struggling to survive,
refusing to die,
barely holding the fort
against the onslaught of English.
Even though it's not spoken

it can still be heard
in the uncertain dialect of the people
like the memory a wounded bird has
of the vastness of the blue sky
or the longing of the goldfish for the sea.
It is retained
like a bridal trousseau in a trunk
in the corner of a bedroom.

Irish is the mountain in the hearts of the people
and even though it's seldom climbed anymore
still a pilgrimage of hope
is made to its summit at a time when the sea
bitterly laments its circumstances
with the land and when a falling star is seen
hurtling out of the night sky
in a syllable-light of language.

Irish is the broken stem
of the well-worn clay pipe
unearthed on an exposed ridge
after the plough
and is left to decay
on a headland of the imagination
from generation to generation
of indifference.

CAONACH

Greamaíonn an teanga Ghaeilge don cheantar[14] seo
mar a ghreamaíonn caonach do chloch
nó mar a ghreamaíonn cuimhne chrua don aigne,
ag stracadh chun maireachtála,
ag diúltú bás a fháil,
ag seasamh an fhóid ar éigean
i gcoinne rabhartha mór an Bhéarla.
Fiú muna labhartar í

tá sí le cloisint i gcónaí
i dtuineacha éiginnte na ndaoine
amhail cuimhne a bheadh ag éan gointe
ar fhairsinge na spéire goirme
nó tnúthán an éisc órga leis an bhfarraige.
Coinnítear greim uirthi
mar a choinníonn brídeog a feisteas pósta
i dtrunc i gcúinne a seomra chodlata.

Is í an Ghaeilge an sliabh i gcroíthe na ndaoine
is cé nach ndreaptar ach go hannamh í
fós féin déantar oilithreacht dóchais
chun a mullaigh tráth a dhéanann an mhuir
a cás a phlé go cráite
leis an tír agus tráth a fheictear réalt reatha
ag stróiceadh as spéir na hoíche
ina siollasholas teanga.

Is í an Ghaeilge cos bhriste
an phíopa chailce smailcthe
a nochtaítear ar iomaire treafa
i ndiaidh an chéachta
agus a fhágtar le lobhadh
ar cheann fearainn na samhlaíochta
ó ghlúin go glúin
neamhshuime.

Urinary Tract

The urinary tract consultant comes
towards me in his white coat and sterilised
rubber gloves to scrutinise
my prostate gland to see

if any prostate cancer has taken
possession of my back passage, God
between us and all harm. When I'm dressed
again and sitting in front of him

he enquires as to how I am
and do I get stressed out and how
do I earn a crust and what do I do
in my spare time and I tell him

that I write in Irish and compose poems
in that language and he is absolutely staggered
as I am myself when he mentions
the name of a famous Irish poet

who was in the same class as himself
in Cork city and he says 'I always thought
that poetry was a pastime …'
'… instead of tormentation', I cut in finishing

the sentence for him.'Yes, it can be a pastime
but more often than not it can be
a cross, doctor, if you knew the half
of it'. He makes another appointment for me

for the following month and invites me
to bring along one of my poems as he has a daughter
preparing for her Leaving Cert
who would be able to make sense out of it, certainly.

Conair an Fhuail

Tagann lia comhairleach chonair an fhuail
chugam ina chóta bán agus a lámhainní rubair
steirilithe chun m'fhaireog phróstataigh
a iniúchadh féachaint an bhfuil

ailse phróstataigh tar éis seilbh a ghlacadh
ar mo phasáiste cúil, Dia idir sinn
agus gach anachain. Nuair a bhímse gléasta
arís agus suite os a chomhair amach

fiafraíonn sé díom cad é mar atá mé
agus an mbím faoi strus agus conas a thuillim
crusta agus cad a dhéanaim chun mo chuid
ama a mheilt agus deirim leis go mbím

ag scríobh as Gaeilge is ag gabháil do dhánta
sa teanga chéanna agus cad é mar stangadh
a bhaintear as agus asam féin freisin
nuair a luann sé ainm file cháiliúil Ghaeilge

a raibh sé sa rang céanna leis i gcathair Chorcaí
agus ar seisean liom 'cheapas gur caitheamh
aimsire a bhí san fhilíocht i gcónaí ...'
'... seachas crá croí', arsa mise ag críochnú

na habairte dó. 'Sea, is féidir léi 'bheith
ina caitheamh aimsire ach cros atá inti i ndáiríre
níos minice ná riamh, a dhochtúir, dá dtuigfeá
a leath'. Déanann sé coinne eile dom

don mhí dar gcionn agus tugann cuireadh
dom dán de mo chuid dánta a bhreith liom
mar go bhfuil iníon leis ag ullmhú don Ardteist
is go bhféadfadh sí siúd ciall a bhaint as, cinnte.

Urban Guerilla

Far too long I've been standing here
at a bus-stop
that resembles a bomb-shelter
waiting on a bus that won't arrive
until Doomsday.

Too often the thought crosses my mind
that I'd be much better off
to be standing
at a bomb-shelter waiting on a bomb
that's sure to fall on me.

TREALLCHOGAÍ UIRBIGH

Is ró-fhada atáim i mo sheasamh anseo
ag stadbhus
a bhfuil cuma bhuamabhotha air
ag fanacht ar bhus nach dtiocfaidh
go Lá Philib a' Chleite.

Is ró-mhinic a ritheann sé liom
go mbeinn míle uair níos fearr as
dá mbeinn i mo sheasamh
ag buamabhoth ag fanacht ar bhuama
a thitfeadh orm siúráilte.

THE OLD COUNTRY COUPLE

Their love consisted
of long silences
interspersed
by occasional words of conversation.

An tSeanlánúin Tuaithe

Ní raibh ina ngrá
ach tostanna fada
pollta
ag corrfhocal comhrá.

Blindness

Only for losing his eyesight
there wouldn't be a hope in hell
of Séamas Dall seeing
those inhospitable badgers

hiding behind their drawn curtains
in the townland of Corrakit
nor would he have noticed
with the eyes in his head

the shape of the cuckoo on a branch
halfway between Carlingford
and Tullaghomeath
on a sunny summer's evening

and blind Raftery wouldn't have seen
the big eagle from Achill
or the raven from Kesh
circling in the sky above him

and as for O'Carolan,
the blind harpist,
trace nor tidings of the fairy host
he wouldn't have seen coming towards him

out of the early morning mist
like a cavalry on hareback
with their pearly little shoes,
with their tiny harps,

with their music.

DAILLE

Murach gur chaill sé radharc na súl
ní bheadh seans dá laghad ann
go bhfeicfeadh Séamas Dall[15]
broic an doichill folaithe

taobh thiar dá gcuirtíní tarraingte
i mbaile fearainn Chorr an Chait[16]
ná ní thabharfadh sé faoi deara
ach an oiread lena shúile cinn

cruth na cuaiche i mbarr géige
leathbhealach idir Cairlinn
agus Tulaigh Ó Méith[17]
tráthnóna gréine i dtús an tsamhraidh

ná ní fheicfeadh Raiftéirí
an t-iolar mór as Acaill
nó an fiach dubh ón gCeis[18]
ag foluain san aer

os a chionn in airde
agus maidir le Ó Cearbhallán,
an cláirseoir caoch,
tásc ná tuairisc ar an slua sí

ní fheicfeadh sé ag teacht chuige
as ceo draíochta na mochmhaidine
ina marcra ar muin giorraithe
gona mbróigíní péarlacha, gona gcruitíní,

gona gceol.

Swans on the Liffey

... a pair of white swans
swimming on the Liffey
in Dublin
recently.
Are they a couple?
Can there be love
between animals?
Between birds?
How about feelings?
Do they get
heartbroken?
Do they go
for weeks without food
or sleep
as has happened to me?
Questions that occurred to me
on seeing
a pair of white swans
swimming on the Liffey
in Dublin
recently ...

Ealaí ar an Life

… péire ealaí bána
ag snámh ar an Life
i mBaile Átha Cliath
le déanaí.
An lánúin iad?
An mbíonn grá
idir ainmnithe?
Idir éin?
Cad faoi mhothúcháin?
An mbíonn siad
croíbhriste?
An dtéann siad
seachtain gan bhia
is gan chodladh na hoích'
mar atá déanta
agamsa?
Ceisteanna a rith liom
ar fheiceáil dom
péire ealaí bána
ag snámh ar an Life
i mBaile Átha Cliath
le déanaí …

Summer Queen

in memory of Paddy Clifford, Firies

It's well that I remember the coming of the cuckoo
to our townland
at Taobh a' Chnoic
high over the sea,
how one man who was setting potatoes

stopped dead in his tracks,
how farm implements were put down
in homage to her:
the shovel, the hoe, the spade,
how a housewife turned from the fire,

dressed in a bib and a smudge of flour
on her forehead,
totally enthralled
by the 'Coo-coo! Coo-coo! Coo-coo!'
of our royal guest

as she was passing by
accompanied by her little trusted nursemaid
and pilot, the blessed meadow pipit,
bringing the summer with them
from faraway lands.

Oh, my beautiful little queen
of summer, you were the apple
of our eyes,
our Niamh of the Golden Hair
coming to us

Banríon an tSamhraidh

i gcuimhne ar Paddy Clifford, na Foidhrí

Is maith is cuimhin liom teacht na cuaiche
chuig ár mbaile fearainn
ar Thaobh a' Chnoic[19]
go hard os cionn na farraige,
mar ar stop fear a bhí i mbun prátaí

a chur mar a raibh aige,
mar ar leagadh síos uirlisí feirme
in ómós di:
an tsluasaid, an grafán, an rámhainn,
mar ar iompaigh bean a' tí ón tine,

bib uirthi agus smál beag plúir
ar a clár éadain,
í go huile is go hiomlán faoi gheasa
ag 'Cú-cú! Cú-cú! Cú-cú!'
ár gcuairteora ríoga

agus í ag gabháil thar bráid,
á tionlacan ag a banaltra bheag ionúin
agus a píolóta, an riabhóigín beannaithe,
iad ag breith an samhradh chugainn
ó thíortha i bhfad i gcéin.

Ó, a bhanríon bheag álainn
an tsamhraidh, ba tú an chloch
ba mhó ar ár bpaidrín,
ár Niamh Cinn Óir
tagtha chugainn

from the other side of the world,
from the Land of the Young, from Hy-Brasil
and with every 'Coo-coo! Coo-coo! Coo-coo!'
you drove away the scairbhín,
having consented

to settle in our midst for three months,
you were our saviour
and our hope,
our refuge and our protection
in times of trouble.

'Coo-coo! Coo-coo! Coo-coo!'
I still can hear you
as you fade away from me
into the mists of time,
'Coo-coo! Coo-coo! Coo-coo!'

And nothing remaining of you
at this stage but the echo
of your refrain in my ears.
You are gone, my royal queen,
bearing with you my youth

and the old rural way of life,
of which nothing but memories remain,
to some faraway country
where I imagine it to be
summer permanently.

ón dtaobh eile den domhan,
ó Thír na nÓg, ó Hy-Brasaíl,
gach 'Cú-cú! Cú-cú! Cú-cú!'
uait ag cur an ruaig ar an scairbhín[20]
agus tú ag deonú

cur fút inár measc ar feadh ráithe,
ba tú ár slánaitheoir
agus ár ndóchas,
ár dtearmann agus ár gcoimirce
in am an anaithe.

'Cú-cú! Cú-cú! Cú-cú!'
Cloisim fós tú
's tú ag druidim uaim isteach
i gceo an ama.
'Cú-cú! Cú-cú! Cú-cú!'

is gan fágtha díot
um an dtaca seo ach macalla
do churfá im chluasa.
Tá tú imithe, a bhanríon mhaorga,
i dteannta m'óige féin,

i dteannta seansaol na tuaithe
nach bhfuil fágtha de ach cuimhní
go tír éigin i bhfad i gcéin
ina shamhlaímse é a bheith
ina shamhradh i gcónaí.

Smithgrove Terrace
for Aodán Ó Sé

At a time when a blacksmith
was plying his trade
high up over the city,
the blows of heavy hammers on an anvil
could be heard clearly in Cork Harbour,
splitting the morning
in two halves where a fleet
of merchant ships were at anchor,

the music of the anvil
like soul food
to the crew of sailors
at work on the decks
hailing from places as faraway
as Salamanca
Cairo and Rio de Janero
the clip-clop of the newly shod

horses knocking sparks
off the cobble-stones
on Summerhill
as they galloped
downhill while up on the terrace
the blacksmith was at his wit's
end trying to service
the demands of the red-hot iron

and so as not to allow for love
or for money the silence to descend
on his smithy or on the terrace
which would subsequently

ARDÁN GHARRÁN AN GHAIBHNIGH[21]
d'Aodán Ó Sé

Tráth a bhíodh gabha dubh
ag gabháil dá cheird
go hard os cionn na cathrach
chloistí macallaí na mbuillí oird
ar inneoin go soiléir i gcuan Chorcaí
ag scoilteadh na maidine
ina dhá leath áit a mbíodh
loingeas trádála ar ancaire,

ceol na hinneonach
mar lón anama
don mheitheal mairnéalach
go gnóthach ar na deiceanna
as áiteanna chomh fada
ó bhaile le Salamanca,
Cairo agus Rio de Janero
trup-trap na gcapall nuachrúite

ag baint tine chreasa
as na clocha duirlinge
ar Chnoc an tSamhraidh
agus iad ar ar chosa in airde
le fána agus thuas ar ardán
an gabha dubh ar dalladh
ag iarraidh freastal
ar éilimh an iarainn dheirg

is ar ór nó ar airgead gan ligint
don chiúnas tuirlingt ar a cheárta
agus ar an ardán
a ainmneofaí ar ball

be named in honour
of his craft and keep
his memory alive
until Judgement Day.

in ómós dá cheird
agus a choinneódh
a chuimhne
buan go Lá an Luain.

in a big three-story house
in Cork city
there is a small
one-bedroomed flat
at the top of the house
from which can be seen
a tiny overgrown
back garden
and it happened
at the dead of night
in the early seventies
that two lovers
were sitting at a window
in post-coital
delirium
looking down upon
an old hag
who had a bonfire
lighting
on which all sorts of things
were burning –
straw hats memories
dreams boots
old clothes visions
heartbreak magazines
promises –
and left
amongst the ashes
the following morning
before the break of day
would be
the smoldering embers
of their love

Ardán Thobar na Carraige[22]

i dtigh mór trí stór
i gcathair Chorcaí
tá árasán beag
aonsheomrach
ag barr a' tí
óna bhfuil radharc
ar chúlghairdín
bídeach fiáin
agus tharla
ag uair mhairbh na hoíche
sna luathseachtóidí
go raibh beirt leannán
suite ag fuinneog
ina speabhraídí
post-coital
ag breathnú anuas
ar sheanchailleach
agus tine chnámh
ar lasadh aici
ar a raibh chuile shórt
á dhó –
hataí tuí cuimhní
brionglóidí buataisí
seanéadaí aislingí
briseadh croí irisí
geallúintí –
agus fágtha
i measc an luaithrigh
an mhaidin dar gcionn
sula ngealfadh an lá
bheadh
sméaróidí smolchaite
a ngrá

Panorama Terrace

On Panorama Terrace
in Sunday's Well
you could see for ever
until some idiot put
a two storey building
in front of it
so that there is no longer
a full view but only
a partial view
of the city
below.

So it is with love
in its infancy.
It is full of promises and of trust
but obstacles are placed in its
path so that
promises and trust
become occluded
like the most melodic
stringed instrument imaginable
which has one string
missing.

Ardán an Lánléargais

Ar Ardán an Lánléargais
i dTobar Rí an Domhnaigh
bhíodh radharc ar an uile ní
go dtí gur thóg amadán éigin
foirgneamh mór dhá stór
os a chomhair
rud a fhágann nach bhfuil lánléargas
le fáil níos mó
ach leathléargas
ar an gcathair
thíos faoi.

Is mar sin a bhíonn an grá
ag tús a ré.
Bíonn sé lánghealltanas lán-iontaoibh
ach cuirtear constaicí ar an mbealach
roimhe go dtí go mbíonn sé
leathghealltanas
leathiontaoibh
amhail an téaduirlis
is binne amuigh
a bhfuil téad amháin
uirthi ar iarraidh.

Fate

'For love, all love of other sights controules
And makes one little room an every where'.
John Donne – The Good Morrow

It was destiny and nothing else
that sent you in my direction
like a beautiful, shining vision
out of the bosom of the lonely darkness
on that unforgettable, marvelous night,
the pair of us thrown together
on a barren beach like two sailors
who barely survived a shipwreck.
If it's our destiny to be together
rest yourself in my arms
for the rest of the night,
our two hearts in perfect compass
and we will shape the destiny of our love
from our honey-tasting kisses
and from our passionate embraces
in the peaceful haven of this inn.
Let me lie beside you, love,
and let us allow Fate
lead us north or south,
east or west or wherever
she decides to plant
her foot tomorrow
or the following day.

CINNIÚINT

'For love, all love of other sights controules
And makes one little room an every where'.
John Donne – The Good Morrow

B'í an chinniúint ghlan
a sheol chugam gan choinne tú
id aisling álainn, niamhrach
as brollach na hoíche uaigní
an oíche dhodhearmadta, mhíorúilteach
úd, an bheirt againn caite le chéile
ar thrá fholamh mar bheirt mhairnéalach
a longbhriseadh is a tháinig slán
ón anachain ar éigean.
Má's cinniúint dom tú mar stór
lig do scíth im bhaclainn
ar feadh na hoíche seo,
ár gcroíthe ag bualadh i gcompás cruinn
agus cumfaimid dán ár gcumainn
as blas meala ár bpóga
agus as treise ár mbarróga
i gcuan aoibhnis an tí ósta seo.
Lig dom luí led thaobh geal, a stór,
agus ligfimis don chinniúint chrua
sinn a threorú thuaidh nó theas,
soir nó siar nó pé áit a leagfaidh
sí a cos fúithi amárach
nó amanathar.

Oasis

Oh, by Christ, the relief
that's to be found here
from the chaos of the city
from the chaos
of my own life,
from the traffic jam
that's not worth talking about.
What's the Irish for 'oasis'?
'Tamnach' according to de Bhaldraithe.
'Tamnach' indeed!
'A green field,
a cultivated or arable
spot in a waste'.
'A cultivated or arable
spot in a waste'
of Dineen's
will do nicely
for me anyway
on this particular evening.
By the way
he has 'támhlacht' for *Tallaght*
as 'a plague burial-ground'.
Oh, if he only knew
how that particular prophecy
was fulfilled!

Oh, I could easily spend
my whole life here
strolling about
like an ignorant
pseudo-horticulturist
pretending
that I'm an authority
on animals,

Oasis

Ó, a Chríost, ach tá faoiseamh
le fáil anseo
ó chíor thuathail na cathrach
ó chíor thuathail
mo shaoil féin,
ón tranglam tráchta
nach fiú trácht air.
Cad í an Ghaeilge ar *oasis*?
'Tamhnach' atá ag de Bhaldraithe.[23]
'Tamhnach' ambaist!
'A green field,
a cultivated or arable
spot in a waste'.
Déanfaidh *'a cultivated or arable*
spot in a waste'
de chuid an Duinnínigh[24]
an gnó domsa
ach go háirithe
an tráthnóna áirithe seo.
Dála an scéil
tá 'támhlacht' do *Tallaght'* aige
mar *'a plague burial-ground'.*
Ó, dá dtuigfeadh sé mar ar tháinig
an tuar faoin tairngreacht
sa chás áirithe sin!

Ó, d'fhéadfainn mo shaol
ar fad a chaitheamh istigh anseo
ag spaisteoireacht thart
im bhréag-ghairneoir
aineolach
ag ligint orm
go bhfuilim im shaineolaí
ar ainmnithe,

on herbs, on plants,
on flowers
and on trees.
Its not Cloghane-Brandon
But 'we must be thankful for small mercies'
(de Bhaldraithe again!)
nor am I Socrates myself
though I could spend
the entire day
without a care in the world
on a wooden bench
under his limestone
statue
in the Rose Garden
as the Tolka River
flows through the back of my head.

The Botanical Gardens
in Glasnevin
fulfil every one
of the unfulfilled desires
which torment me
from one end of the week to the other.
I'm calmed
and my senses are nourished
just as if I'm beside the sea
in Cuaisín
in Murrigrane
lying naked
on a bed of sea moss
in the summer of '73
listening to Simon & Garfunkel

ar luibeanna, ar lusanna,
ar bhláthanna
agus ar chrainn.
Ní hé Clochán-Bréanainn[25] é
ach 'is buí le bocht an beagán'
(de Bhaldraithe arís!)
ná ní haon Socrates[26] mé féin
cé go bhféadfainn
an lá ar fad
a mheilt go sona sásta
ar bhinse adhmaid
faoina dhealbh
aolchloiche
i nGairdín na Rós
agus Abhainn an Tulca[27]
ag sní trí chúl mo chinn.

Comhlíonann Gairdíní na Lus
i nGlasnaíon
gach mian
de na mianta doshásaithe
le go mbím ciaptha cráite
ó cheann ceann na seachtaine.
Suaimhnítear mé
agus beathaítear mo chéadfaí
amhail is gurbh cois cladaigh
i gCuaisín[28]
i Murfhorgán atáim
i mo luí lomnocht
ar leaba de chaonach mara
ag lagthrá
ar lá síoraí gréine
i samhradh na bliana '73
ag éisteacht le *Simon & Garfunkel*

on a tape-recorder
in which the batteries
are run down:
'Sail on, silvergirl,
sail on by
your time has come to shine
all your dreams are on their way'.

Thirty odd years
further on
I come here
between Irish classes
in St Vincent's Secondary School
in Glasnevin.
I see my broken dreams
pass me by
floating on the river
like flotsam & jetsam –
de Bhaldraithe has that as
'snámhraic agus muirchur' –
but 'they are reason enough
to stay alive'
(as Socrates might say!)
in a place like this
on a sappy spring afternoon
and 'the plants sprouting
in the soft weather'
(a phrase I nicked
from Niall Ó Dónaill!)
between Irish classes
in St Vincents Secondary School
in Glasnevin.

ar théipthaifeadán
ina bhfuil na batairí
imithe in ísle brí ann:
'Sail on, silvergirl,
sail on by
your time has come to shine
all your dreams are on their way'.

Tríocha éigin bliain
níos faide anonn
tagaim anseo
idir ranganna Gaeilge
i Scoil Naomh Uinsionn
i nGlasnaíon.
Chím mo bhrionglóidí briste
ag gabháil tharam
ar bharr uisce na habhann
mar *'flotsam&jetsam'* –
'snámhraic agus muirchur'
atá ag de Bhaldraithe –
ach 'nach leor de chúis iad
le bheith beo'
(Socrates, ar ndóigh!)
in áit mar seo
ar thráthnóna súmhar earraigh
agus 'na plandaí ina mbuinneáin
leis an mboglach'
(nath a ghoideas
ó Niall Ó Dónaill![29])
idir ranganna Gaeilge
i Scoil Naomh Uinsionn
i nGlasnaíon.

THE TREE OF HEAVEN

In the National Botanical Gardens
in Glasnevin there is a tree called
the Tree of Heaven – *Ailanthus Altissima* –
doing its utmost to transgress
the law of gravity,
every one of its six callused, gnarled fingers
stretching wishfully towards the sky.
'Oh God in heaven!' can be heard from it sometimes
as it creaks in the wind,
'Allow me to try and alleviate the insufferable pain
of the human race somewhat on your behalf
by laying my healing hands
on your ancient, lacerated body'.

All around the heavenly tree
in the sheltered corners of the garden,
other trees are genuflecting in shame,
their heads bent as they shed
leafy anguished tears,
eternally arborescently filled with terror
before the coming of the depth of winter
and before the earth that gnaws their earthly roots.

CRANN NA BHFLAITHEAS

I nGairdín Náisiúnta na Lus
i nGlasnaíon tá crann ar a nglaotar
Crann na bhFlaitheas – an t-*Ailanthus Altissima* –
ar a chroídhícheall ag iarraidh
dlí na hImtharraingte a shárú,
gach méar dá shé cinn de mhéara cranraithe, altacha
ag síneadh go fonnmhar i dtreo na spéire.
'A Dhia in airde!' cloistear uaidh uaireanta
agus é ag gíoscadh sa ghaoth,
'lig domsa pian dhofhulaingte an chine dhaonna
a mhaolú beagáinín ar do shonsa
tré mo mhéara leigheasacha a leagan
ar do cholainn ársa, chréachtghonta'.

Thart timpeall ar an gcrann neimhe
i gcúinní fothainiúla an ghairdín,
tá crainn éile á n-umhlú féin le náire,
a gcinn cromtha acu is iad ag sileadh
deora duilleogacha pianpháise,
iad crannsceimhlithe go síoraí
roimh theacht dhúluachair na bliana
agus roimh an chré a chreimeann a bpréamhacha talmhaí.

Spring Morning

I walk about under the wall
that acts as a boundary between Glasnevin
Cemetry and the National Botanical Gardens
on a beautiful morning in early spring.
A thrush is singing on a tree,
buds are stretching themselves eagerly
under the heat of the day.
Flowerbeds are beside me
suffocating me with their sweet odours.
Three girls in their school uniforms
are giggling on a wooden seat.
An aged gardener with a hoe
is tending a bed of fresh plants,
the wheelbarrow containing seeds and bulbs
parked carefully on the side of the footpath.

On the other side of the wall
there is nobody tending
to the multitudes of the dead,
their headstones fading and the inscriptions
almost illegible at this stage.
Here and there wreaths of withered flowers
are scattered all over the place.
Already in an open tomb beside the wall
the weeds are taking control,
batallions of stinging nettles, creeping thistles
and ragweed standing to attention
defending their indefensible kingdom,
menacing, triumphant
in the heart-scalding bitterness of a March morning.

Maidin Earraigh

Siúlaim thart faoin mballa
atá mar theorainn idir Reilig Ghlasnaíon
agus Gairdín Náisiúnta na Lus
ar maidin álainn i dtús an earraigh.
Tá smólach ag canadh ar chrann,
tá bachlóga á síneadh féin le fonn
faoi theas an lae.
Tá ceapacha bláthanna le m'ais
do mo thachtadh le mílseacht a mbolaithe.
Tá triúr cailíní ina gcultacha scoile
ag sciotaíl gáire ar shuíochán admhaid.
Tá gairneoir cnagaosta le grafán
ag déanamh freastal ar leaba plandaí úra,
an barra rotha ina bhfuil síolta agus bleibeanna
páirceáilte go cúramach ar imeall an chosáin.

Ar an dtaobh eile den mballa
níl éinne ag déanamh freastal
ar shluaite na marbh,
a gclocha cinn ag liathadh agus a n-inscríbhinní
geall le bheith doléite um an dtaca seo.
Anseo is ansiúd feictear fleascanna
de bhláthanna feoite scaipthe le haer an tsaoil
ar fud na háite.
Cheana féin, i dtuama oscailte cois balla
tá na fiailí ag glacadh seilbhe,
cathláin de neantóga loiscneacha, feochadáin reatha
agus buachaláin bhuí ina gcolgsheasamh
ag cosaint a ríochta dochosanta,
go bagrach, caithréimeach
i scalladh croí cráite na maidine Márta.

At Coolmine Station

7am Monday 18 February 2008

Won't you listen to the choir of birds
declaring a flash of spring hope
over us up in the trees
all around the station.

Their beautiful sweet chanting
is a protest song against the progress
and the clamour of the human race
over the railway track.

Won't you listen to them, you pack of senseless
fools, on tenterhooks there on the platform
waiting for the train
that will take you into the abyss.

Ag Stáisiún an Chúil Mhín

7r.n. Dé Luain 18 Feabhra 2008

Nach n-éistigí le claisceadal na n-éan
ag fógairt gealán dóchais an earraigh
os bhur gcionn in airde sna crainn
thart timpeall an stáisiúin.

Is amhrán agóide é in aghaidh dhul chun cinn
agus challáin an chine daonna
a gcantaireacht álainn bhinn
os cionn an bhóthair iarainn.

Nach n-éistigí leo, a phaca amadán
gan chiall, ar cipíní ansan ar an ardán
ag fanacht ar an traein
a bhéarfaidh sibh isteach sa duibheagán.

Desiderata

Be off with you …

Get rid of the watch,
all the clocks
into the dustbin with them;
the calendar, the barometer,
the weathercock,
pay them no attention;
whatever measures time
and weather don't be
in the same house as them.

Also get rid
of the internet, the mobile phone
and any other new-fangled gadgets
that would put the heart
crosswise in you
when you are undecided.

With regards to family and friends
by whom you are tormented,
keep them at a safe distance
and meet them if it suits
purely on the basis of 'Invitation Only'.

Don't differentiate anymore
between summer and winter,
morning and evening,
day and night.

Stay in bed until
very late in the morning
and don't go to bed
before the dead of night.

DESIDERATA[30]

Bailigh leat …

Faigh réidh leis an uaireadóir,
na cloig go léir
isteach sa bhosca brúscair leo;
an fhéilire, an baraiméadar,
an coileach gaoithe
ná tabhair aon tor orthu;
aon rud a dhéanann
am agus aimsir a thomhas
ná bí in aontíos leis.

Faigh réidh freisin
leis an idirlíon, an guthán soghluaiste
is aon fhearaistí nua-aimseartha eile
a chuirfeadh an croí
trasna ort
is tú idir dhá chomhairle.

Maidir le clann agus cairde
a bhfuil tú céasta acu,
coinnigh fad do rí uait iad
agus buail leo má oireann
ar bhonn '*Invitation Only*'.

Ná déan idirdhealú a thuilleadh
idir shamhradh agus gheimhreadh,
mhaidin agus tráthnóna,
lá agus oíche.

Fan sa leaba
go maith thar am an eadartha
is ná téigh a luí
roimh uair mhairbh na hoích'.

Have your breakfast
before going to sleep
and your dinner when you get up.

Bust your gut
on Sunday
and take it easy on Monday.

Don't do as
others do
in these times:
pulling and dragging
and continuously rushing
from one end of the week to the other
and from one nervous breakdown
to the next.

Be suspicious
as regards the generosity
of relatives and neighbours
who bestow lavishly on you
the things you don't want
and who demand recompense
for a good turn that costs nothing.

Your best friend
is the one who keeps his distance
and your worst enemy
the sleek slick smooth flatterer
who licks up to you publicly
but cuts your throat
behind your back.

Bíodh do bhricfeasta agat
roimh dhul a chodladh duit
agus an dinnéar ar éirí.

Cuir do bhundún amach
ar an Domhnach
agus ar an Luan lig do scíth.

Ná déan mar a dhéanann
gach éinne eile
ar na saolta seo:
ag treabhadh is ag fuirseadh
is ag síor-bhrostú
ó cheann ceann na seachtaine
is ó chliseadh néarógach amháin
go cliseadh néarógach eile.

Bí amhrasach
i dtaobh féile
na ngaolta is na gcomharsana
a dháileann go fial ort
na nithe nach dteastaíonn uait
is a éilíonn cúiteamh
ar chomaoin gan chaillteanas.

'Sé an cara is fearr atá agat
ná an duine a fhanann uait
agus an namhaid is measa
an slíomadóir slim sleamhain slíochta
a líonn do thóin go poiblí
is a ghearrann do scornach
laistiar de do dhroim.

Don't leave your house
but stay indoors
until the local rabble are asleep.

If somebody greets you
don't return the greeting
until you recognise who it is
and even then
do not greet unless you want to.

Place your trust
in animals and birds,
creatures who never seek
recompense from anybody
for what they bestow on them.

Listen to a dog barking
in some barn at night-time
and imagine for yourself
how everything comes
to an end
and that there isn't a beginning
middle or end
in the first place
but only a single short intermission
in this tragedy of life
when we stand
aside from the void
that has been created in us
with our glasses of wine
and our senseless prattling
before returning to the seats
in the theatre
that were reserved for us

Ná fág do thig
ach fan istigh
go n-imeoidh salachar an bhaile a luí.

Má bheannaítear duit
ná beannaigh thar n-ais
go n-aithníonn tú cé tá chugat
agus fiú ansin
ná beannaigh muna dteastaíonn sé uait.

Cuir do mhuinín
in ainmnithe agus in éin,
créatúirí nach n-éilíonn
cúiteamh ar éinne
as a dtugann siad dóibh.

Éist le gadhar ag tafann
i scioból éigin istoíche
agus samhlaigh duit féin
mar a thagann deireadh
le gach rud
is nach bhfuil tús lár
ná deireadh ann i ndáiríre
ach mar a mbeadh idirlinn
bheag bhídeach amháin
i dtragóid an tsaoil seo
nuair a sheasaimid
i leataoibh ón bhfolús
a cruthaíodh istigh ionainn
lenár ngloiní fíona
agus lenár gclabaireacht gan chiall
sara bhfillimid ar ár suíocháin
san amharchlann
a cuireadh in áirithe dúinn

as soon as we leapt
in some womb
in a disinfected ward
in a nameless
maternity hospital.

For love or money
do not answer
the unknown voice
that calls out your name with malice
and puts the heart
crosswise in you
at a time when the powder moths
forsake the regions of light
to return to their native territory,
the darkness.

Go, my friend,
and make the most
of your wretched life
in the presence of the eternities
but be on the lookout
for the magic mist
that will catch you unawares
like a beautiful young maiden
in her bridal veil
alighting
from Fate's ghostly funeral carriage
on Doomsday.

a thúisce is a lingeamar
i mbroinn éigin
i mbardas díghalraithe
in ospidéal máithreachais
gan ainm.

Ar ór ná ar airgead
ná tabhair freagra
ar an nguth anaithnid
a ghlaonn ort as d'ainm
is a chuireann an croí
trasna ort
tráth a thréigeann na púdarleamhain
limistéir an tsolais
le filleadh ar a gcríoch dhúchais,
an doircheacht.

Imigh, a chara,
agus bain a bhfuil le baint
as do shaol anróiteach
i bhfianaise na bhfírinní suthaine
ach bí ag faire amach
don cheo draíochta
a thiocfaidh aniar aduaidh ort
amhail ainnir óg álainn
ina caille bhrídeoige
ag tuirlingt
as cóiste bodhar na Cinniúna
ar Lá an tSléibhe.

LETTERS

I receive letters from you
almost every night
nowadays
from places as far away
from home
as Rio de Janeiro Nova Scotia
and Tierra del Fuego
letters
and postcards
and you on your world tour
unaddressed and unsigned
letters
but I recognise
your small neat handwriting
your short concise sentences
and I get the scent
of your perfume
from the faded pages
and with every word
I read
I fall in love with you
over and over again
and tears fall
copiously
from my eyes
down
on the pages
when it occurs to me
that I never again will see
the hand that composed them
and that all that remains
of our love
is a nocturnal
reverie

Litreacha

Faighim litreacha uait
nach mór chuile oíche
ar na saolta seo
ó áiteanna chomh fada
ó bhaile
le *Rio de Janeiro Nova Scotia*
agus *Tierra del Fuego*
litreacha
agus cártaí poist
agus tú ar do chamchuairt dhomhanda
litreacha gan seoladh orthu
ná síniú
ach aithním
do pheannaireacht bheag néata
d'abairtí gonta cruinne
do thagairtí indíreacha domsa
agus faighim boladh
do chumhráin
ó na leathanaigh léithe
agus le gach focal
a léim
titim i ngrá leat
arís agus arís eile
agus titeann deora
go fras
ó mo shúile
anuas
ar na leathanaigh
nuair a ritheann sé liom
nach bhfeicfidh mé arís choíche
an lámh do chum
agus nach bhfuil fágtha
dár gcumann
ach aisling oíche

Wednesday Morning, 3am

softer sweeter
more melodic
than Dylan or the Beatles
all the emphasis
on the sweet sorrow
on the brightness
between two
May showers
forever
strumming the heartstrings
taking me back
to Cork city
in the seventies
to the girl
with the jet-black hair
who used to live
in a flat at the top
of a house there

WEDNESDAY MORNING, 3AM[31]

níos boige níos binne
níos ceolmhaire
ná Dylan agus na Beatles
an bhéim go léir
ar an gcaoinchumha
ar an ngile
idir dhá chith fearthainne
i Mí na Bealtaine
de shíor
ag stoitheadh sreanga an chroí
dom thabhairt thar n-ais
go cathair Chorcaí
sna seachtóidí
go dtí an cailín
foltchiardhubh
a mhaireadh
in árasán
ag barr tí ann

Raison d'être

I sit and write
and I don't give a dam
whether what I write
will be read or not.

As for fame and recognition
I couldn't give a toss
these things are enemies
that ruin a poet's talent.

All I need is quietness in the evening
a thrush singing atop a tree
a glass of wine and a smoke
a view of the sea.

Raison d'être

Suím agus scríobhaim
agus is cuma sa damba liom
an léifear nó ná léifear
pé rud a chumaim.

Cáil agus aitheantas
ní mian liom a thuilleadh
naimhde iad na nithe sin
a loiteann tallann file.

Níl uaim ach ciúnas um thráthnóna
smólach ag canadh ar bharr craoibhe
gloine fíona is gal tobac
radharc ar an bhfarraige.

The Whitewashed Wall[32]

Thomas Hardy

Why does she turn in that shy soft way
Whenever she stirs the fire,
And kiss to the chimney-corner wall,
As if entranced to admire
Its whitewashed bareness more than the sight
Of a rose in richest green?
I have known her long, but this raptured rite
I never before have seen.

– Well, once when her son cast his shadow there,
A friend took a pencil and drew him
Upon that flame-lit wall. And the lines
Had a lifelike semblance to him.
And there long stayed his familiar look;
But one day, ere she knew,
The whitener came to cleanse the nook,
And covered the face from view.

'Yes', he said: 'My brush goes on with a rush,
And the draught is buried under;
When you have to whiten old cots and brighten,
What else can you do, I wonder?'
But she knows he's there. And when she yearns
For him, deep in the labouring night,
She sees him as close at hand, and turns
To him under his sheet of white.

AN FALLA AOLDAITE

Cad chuige go gcasann sí ar an mbealach cúthail, maoth sin
Cibé uair a chorraíonn sí an tine,
Agus caitheann póg le falla chúinne an tsimné,
Amhail is go bhfuil sí faoi gheasa
Ag a loime aoldaite níos mó ná radharc
Róis faoi bhláth sa ghairdín glas?
Is fada aithne agam uirthi, ach an deasghnáth lúcháireach seo
Níl feicthe agam riamh cheana.

Bhuel, tráth a chaith a mac a scáth ansin,
Thóg cara leis peann agus tharraing pictiúr de
Ar an bhfalla loinnirlasta. Agus sa tsamhail a deineadh
Ba é a bhí ann ina steillebheatha.
Agus d'fhan a dheilbh aithnidiúil ansin ar feadh i bhfad.
Ach aon lá amháin, i ngan fhios di,
Tháinig an t-aoldaiteoir chun an clúid a ghlanadh
Agus chlúdaigh an aghaidh ó radharc.

'Sea', ar seisean: 'Scuabaim an t-aol faoi dheifir,
Agus clúdaítear na scáileanna faoi;
Nuair a bhíonn ort seanchliabháin a bhánú is a ghealadh,
Cad eile a dhéanfá, n'fheadar?'
Ach tá's aici go bhfuil sé ann. Agus nuair a bhíonn sí ag tnúthán
Leis, go déanach san oíche thochtach,
Feiceann sí in aice láimhe é, agus iompaíonn
Chuige ansin faoina aibíd bhán.

1 An Gobán Saor, sárcheardaí clúiteach i mbéaloideas na hÉireann a bhfuil mórán scéalta ina thaobh.

A famous master craftsman in Irish folklore about whom there are many stories.

2 Club an Chonartha, club sóisialta Chonradh na Gaeilge ar 6 Sráid Fhearchair i mBaile Átha Cliath.

Social club of the Gaelic League on 6 Harcourt Street in Dublin.

3 An Leitriúch, ceantar an Leitriúigh (ó Chaisleán Griaire siar go dtí Sróin Bhroin) in iarthar Chiarraí.

The Letteragh area stretching from Castlegregory to Brandon Point in West Kerry.

4 Micheál Ó Dubhshláine, múinteoir agus scríbhneoir ó Dhún Chaoin i gCiarraí a d'éag in 2006.

A teacher and writer from Dunquin in Co Kerry who died in 2006.

5 mé, an *persona* atá ag labhairt sa dán seo ná an mórfhile Seán Ó Ríordáin (1916–1977) a raibh cónaí air in Inis Cara.

The persona speaking in this poem is the great poet Seán Ó Ríordáin (1916–1977) who lived in Inniscarra.

6 Caitlín Maude (1941–1982), file, amhránaí, aisteoir, gníomhaí teanga a scríobh an dán 'géibheann' ar a bhfuil an dán seo (Gaelainn) bunaithe.

Poet, singer, actor, language activist who wrote the poem 'géibheann' on which this poem (Gaelic) is based.

7 Seosamh Mac Grianna (1900–1990) úrscéalaí agus gearrscéalaí Gaeilge ó Rann na Feirste i nGaeltacht Thír Chonaill.

Novelist and short story writer from Ranafast in the Donegal Gaeltacht.

8 *Mo Bhealach Féin,* saothar cáiliúil beathaisnéise le

Seosamh Mac Grianna.

Famous biographical work by Seosamh Mac Grianna.

9 Pádraig Ua Maoileoin (1913–2002), údar, file, scoláire agus foclóirí as Comineól i nGaeltacht Chorca Dhuibhne.

Author, poet, scholar and lexicographer from Coimineól in the West Kerry Gaeltacht.

10 Erin (13) agus Shannon (15) Ní Ghallchóir, deirfiúracha as Tír Chonaill a fuair bás go tragóideach in 2012.

Erin (13) and Shannon (15) Gallagher, sisters from Co Donegal who died tragically in 2012.

11 Murfhorgán Thuaidh : [muir + forgán = *sea* + *terrace.*] Baile fearainn i gClochán-Bréanainn sa Leitriúch in Iarthar Chiarraí.

Murrigrane North, a townland in Cloghane-Brandon in West Kerry.

12 Trá Bháin, trá ghainní gar do Mhurfhorgán.

A sandy beach near Murrigrane.

13 Gearóid Mhurfhorgáin, Gearóid Mac Gearailt, tiarna talún a mhair sa bhaile fearainn ag deireadh an 18ú haois agus ag tús an 19ú haois.

Garret Fitzgerald, a landlord who lived in the townland at the end of the 18th century and the beginning of the 19th century.

14 ceantar, ceantar an Leitriúigh in Iarthar Chiarraí.

The Letteragh area in West Kerry.

15 Séamas Dall, Séamas Dall Mac Cuarta (c. 1647–c. 1735), file dall a rugadh i gCo na Mí ach a chaith formhór dá shaol i gCo Lú agus i gCúige Uladh.

Blind poet from Co. Meath who spent most of his life in Co Louth and in Ulster.

16 Corr an Chait, ceantar in Ó Méith i gCo Lú.

Corrakit (The Cat's Rock) is a district in Omeath in Co. Louth.

17 Tulaigh Ó Méith, ceantar in Ó Méith i gCo Lú.

Tullaghomeath is a district in Omeath in Co Louth.

18 An Cheis, in aice le Loch Éirne i gCo Fhear Manach.
Kesh, near Lough Erne in Fermanagh.

19 Taobh a' Chnoic, sráidbhaile beag i Murfhorgán sa Leitriúch.
A small village in Murrigrane in Letteragh.

20 scairbhín, garbhshíon na gcuach (garbh + síon + cuach = *rough weather of the cuckoo*), tréimhse ama idir 15 Aibreán agus 15 Bealtaine.
A spell of harsh weather coinciding with the arrival of the cuckoo from 15 April to 15 May.

21 Ardán Gharrán an Ghaibhnigh, atá suite in Montenotte i gCathair Chorcaí.
Smithgrove Terrace in Montenotte in Cork city.

22 Ardán Thobar na Carraige, atá suite in Montenotte i gCathair Chorcaí.
Rockspring Terrace in Montenotte in Cork city.

23 de Bhaldraithe, Tomás de Bhaldraithe (1916–1996), scoláire agus foclóirí ó Luimneach ó dhúchas.
Scholar and lexicographer from Limerick.

24 Duinnínigh, Pádraig Ua Duinnín (1860–1934), staraí agus foclóirí as Ciarraí ó dhúchas.
Patrick Dinneen, historian and lexicographer from Kerry.

25 Clóchán-Bréanainn, paróiste sa Leitriúch in Iarthar Chiarraí.
Cloghane-Brandon, parish in Letteragh in West Kerry.

26 Socrates (469RC–399RC), fealsamh Gréagach a bhfuil dealbh de i nGairdín na Rós i nGairdín na Lus i nGlasnaíon.
Greek philosopher, a statue of whom is in the Rose Garden in the Botanical Gardens.

27 Abhainn an Tulca, abhainn a shníonn le hais Ghairdín na Lus.
The Tolka river which flows beside the Botanical Gardens.

28 Cuaisín, cuas beag le hais an Trá Bháin in aice le Murfhorgán.

A tiny cove beside Trá Bháin near Murrigrane.

29 Niall Ó Dónaill (1908–1995), foclóirí ó Loch an Iúir, Co Thír Chonaill.
Lexicographer from Loughanure, Co Donegal.

30 Desiderata, dán próis a chum Max Ehrmann (1872–1945) sa bhliain 1927 (?).
Desiderata ('desired things'), a prose poem composed by Max Ehrmann in 1927(?).

31 Wednesday Morning, 3 A.M (1964), amhrán de chuid Simon & Garfunkel.
A song by Simon & Garfunkel.

32 The Whitewashed Wall from *Selected Shorter Poems of Thomas Hardy*, chosen and introduced by John Wain, (London, Macmillan, 1975).

Mícheál Ó Ruairc is a poet, short story writer, novelist, reviewer and teacher. He is from Cloghane-Brandon in west Kerry but has lived in Dublin since 1980. He has published four collections of poetry: *Fuil Samhraidh* (Coiscéim, 1987); *Humane Killing* (Aisling Press, 1992); *Dán is Céad ón Leitriúch* (Coiscéim, 1998) and *Loco i Lios na Caolbhaí* (Coisceim, 2001). He has won prizes for his poetry over the years and his poem 'Naomh Caoimhín agus na hÉin'/'Saint Kevin and the Birds' won first prize for a poem in the Irish language at the 18th Annual International Poetry Competition organised by Dún Laoghaire-Rathdown County Council in 2007. Together with Clíodna Cussen he edited the poetry anthology *Síoda ar Shíoda: Selected Poems from 700–2000* (Coiscéim, 2008). He has published two collections of short stories, *Na Lucha ag Rince* (CIC, 2009) and *Daoine a Itheann Daoine* (CIC, 2010), the second of which won the main Oireachtas prize the same year. He has published twelve novels for adults and young people which have won numerous Oireachtas prizes over the years, novels such as *Trasna na dTonnta* (Comhar, 2001, 2003); *An bhFaca Éinne Agaibh Roy Keane?* (Coiscéim, 2003, 2004, 2005, 2007, 2009, 2012); *Pónairí ar Thósta* (Comhar, 2007); *Grá mo Chroí mo Vailintín* (Coiscéim, 2007); *An Saol i Sladbhaile* (Coisceim, 2008); *Tóraíocht Taisce* (Cois Life, 2012) and *Fianaise* (LeabharComhar, 2012.) He was the Irish language organizer on the Board of the Irish Writers' Centre from 2010–2014.

Is file, gearrscéalaí, úrscéalaí, léirmheastóir agus múinteoir é Mícheál Ó Ruairc. Is as Clochán-Bréanainn in iarthar Chiarraí dó ó dhúchas ach is i mBaile Átha Cliath atá cónaí air ó 1980. Tá ceithre leabhar filíochta i gcló aige: *Fuil Samhraidh* (Coiscéim, 1987); *Humane Killing* (Aisling Press, 1992); *Dán is Céad ón Leitriúch* (Coiscéim, 1998) agus *Loco i Lios na Caolbhaí* (Coisceim, 2001). Tá duaiseanna buaite aige as a chuid filíochta thar na blianta agus bhuaigh an dán 'Naomh Caoimhín agus na hÉin'/'Saint Kevin and the Birds' an chéad duais do dhán as Gaeilge san 18ú Comórtas Filíochta Bliantúil Idirnáisiúnta eagraithe ag Comhairle Chontae Dhún Laoghaire-Ráth an Dúin in 2007. Bhí sé féin agus Clíodna Cussen mar chomheagarthóirí ar an duanaire filíochta *Síoda ar Shíoda: Rogha Dánta ó 700–2000* (Coiscéim, 2008). Tá dhá chnuasach géarrscéalta i gcló aige: *Na Lucha ag Rince* (Cló Iar-Chonnacht, 2009) agus *Daoine a Itheann Daoine* (Cló Iar-Chonnacht, 2010) a bhuaigh príomhdhuais an Oireachtais an bhliain chéanna. Tá dhá cheann déag d'úrscéalta do dhaoine fásta agus do dhaoine óga i gcló a bhfuil raidhse duaiseanna Oireachtais buaite acu thar na blianta, ina measc *Trasna na dTonnta* (Comhar, 2001, 2003); *An bhFaca Éinne Agaibh Roy Keane?* (Coiscéim, 2003, 2004, 2005, 2007, 2009, 2012); *Pónairí ar Thósta* (Comhar, 2007); *Grá mo Chroí mo Vailintín* (Coiscéim, 2007); *An Saol i Sladbhaile* (Coisceim, 2008); *Tóraíocht Taisce* (Cois Life, 2012) agus *Fianaise* (LeabharComhar, 2012.) Bhí sé mar eagraí Gaeilge ar Bhord Áras na Scríbhneoirí ó 2010–2014.

Buíochas ¦ Gratitude

Táim thar a bheith buíoch do gach éinne a chuidigh liom an saothar seo a chur i dtoll a chéile agus a fhoilsiú agus, ar ndóigh, as a gcomhairle agus a gcaradas. Ina measc áirím mo chairde ceardlainne, Pádraig Mac Fhearghusa agus Pádraig Ó Snodaigh; Cathal Ó Searcaigh as a charadas, a spreagadh agus a réamhrá iontach; Seán Mac Mathúna, Celia de Fréine, Alan Hayes as a gcuid tacaíochta. Na heagarthóirí éagsúla a d'fhoilsigh dánta aonair in irisí, nuachtáin agus díolamaí srl thar na blianta agus gach éinne eile a chuidigh liom ar bhealach ar bith.

Admhálacha ¦ Acknowledgements

Foilsíodh roinnt dá bhfuil anseo (nó leaganacha díobh) sna hirisí *Comhar, Feasta, An Guth, Best of Irish Poetry 2007,* Southword Editions (eag. Gaeilge, Colm Breathnach), *Best of Irish Poetry 2008* (eag. Gaeilge, Bríd Ní Mhóráin); *Lá Nua, Southword* (eag. Gaeilge, Ailbhe Ní Ghearbhuigh), *Irish Pages* (eag. Gaeilge, Cathal Ó Searcaigh). Craoladh dánta dá bhfuil anseo ar Raidió na Gaeltachta agus ar RTÉ Raidió 1. Bhuaigh an dán 'Na hÉin is Naomh Caoimhín' an chéad duais do dhán Gaeilge agus trófaí Chonradh na Gaeilge i bhFéile Filíochta Idirnáisiúnta Dhún Laoghaire – Ráth an Dúin sa bhliain 2007. Bhí an dán 'An Gobán Saor' ar an ngearrliosta do Chomórtas Filíochta an Choirnéil Eoghain Uí Néill 2014.